Con las debidas licencias
With leave and license

Con las debidas licencias
With leave and license

Poemas
Leda Schiavo

Translated by
Adolfo Campoy-Cubillo

BLACK SWAN PRESS
EL CISNE NEGRO EDICIONES
CHICAGO

Black Swan Press
El Cisne Negro Ediciones

Printed in the United States of America

Cover: *Mechanick Exercises,* Joseph Moxon, London, 1683
courtesy of John M. Wing Foundation,
Newberry Library, Chicago

ISBN 0-9678808-2-3
Library of Congress Number: 00-100490

First Edition

Black Swan Press
P. O. Box 408790
Chicago, IL 60640-8790
bswanpress@aol.com

Este libro está dedicado

a Carlos A. Passalacqua, por su constante apoyo a la
cultura en los años en que fue cónsul argentino en Chicago;

a Audrey Kouvel, por su maravilloso oído musical para el
verso en las dos lenguas de este poemario;

a Olivia Maciel, por el compartido ramalazo de locura
que podemos llamar poesía

y a Maureen Connolly, Bertha Husband, Mary Jo
Marchnight, Christopher Maurer y Marc Zimmerman, por
su amistad y sugerencias.

This book is dedicated

to Carlos A. Passalacqua, for his continuous support to
culture in the years in which he was Consul of Argentina
in Chicago;

to Audrey Kouvel, for her marvelous musical ear, attuned
to the bilingual verse of this series of poems;

to Olivia Maciel, for the shared lightning of madness
we can call poetry

and to Maureen Connolly, Bertha Husband, Mary Jo
Marchnigth, Christopher Maurer and Marc Zimmerman,
for friendship and advice.

Contents

Contents

¿Ordenar los amores, que luego son
fotografías?

Poeta en Nueva York

Shall we align our lovers who always end
up being photographs?

Poet in New York

-F. Lorca

Con las debidas licencias

With leave and license

Frecuencia del Fénix

Esta vocación de vivir, que nos impone
las elecciones ominosas de la pasión, de
la amistad, de la enemistad...

Borges

Te amo por los bobalicones adolescentes doce años en que
vuelvo a reincidir
en esta suntuosa ciudad de todos tus antepasados.
Me has dado tanto.
Me has dado el ir y venir por estas calles y este barrio
padeciendo de la esperanzada ilusión de encontrarte
me has dado otra vez el perfil luminoso de las cosas
como sólo allá y entonces, en los días en que había
tanto espacio y tanto cielo y tanto tiempo
pero ahora en estrechas callecitas llenas de moho y azule-
jos azules y hierros retorcidos en los
remates de las azoteas.
Me has dado el buscarte
día tras día
y por eso, gracias a eso, descubrir la casa ideal para
criar a los hijos que no tendremos
el paisaje ideal para darte el beso que nunca quisiste
me has dado el deseo, el futuro, la ansiedad, el miedo
todo lo que había olvidado y que un día, plaf,
así, de repente, de nuevo, me recupera
para la vida y para morir.

4

Frequency of the phoenix

This vocation to live, that imposes
on us the ominous choices of passion,
friendship, enmity...

Borges

I love you for the foolish, adolescent, twelve years into which
      I relapse again
in this sumptuous city of all your ancestors.
You have given me so much.
You have given me the roving to and fro along these streets and
      in this neighborhood
enduring the delusional hope of running into you
you have given me again the luminous profile of things
as they were only there and then, on those days when there was
so much space and so much sky and so much time
but now along narrow alleys covered with mold and
      blue tiles and twisted iron
      topping the cornices.
You have given me this seeking for you
day after day
and for that, thanks to that, discovering the ideal house to raise the
      kids that we will never have
the ideal landscape to give you the kiss you never wanted
you have given me desire, future, anxiety, fear
all those things that I had forgotten and then, one day, zap
suddenly bring me back, again
to the possibility of life and death.

Homenaje a Algernon Charles Swinburne

Te quiero porque estás muerta.
La necrofilia, sabes
forma parte de mis placeres que no sé si llamar con
        propiedad solitarios.
Te quiero aunque estés muerta.
Si no me correspondes
es porque sabes que puedo resucitarte
y volverías a ver, a sentir, a oler
en esta ciudad donde la vida late malsana en todos los
        rincones de todas las volutas de todos los
        adornos de todas las esquinas.
Lo sabes y tienes miedo de que te arranque de ese póker de
        cadáveres y de mierda.
Lo sabes y te da rabia
y la rabia te tiñe un momento la palidez de la cara mientras
        tus ojos oscilan entre el odio y la curiosidad
y vuelve a darte rabia
y vuelves a empecinarte en estar muerta
en no querer volver
y no te das cuenta de que esa molesta irritación
esa larvada furia con que te agarras al ataúd y te
        destrozas los dedos
me excita todavía más
me da tantas ganas de lamerte las heridas y masticarte el
        sudario y machacarte los huesos
y obligarte a volver, a volver conmigo
adonde yo puedo todavía llevarte.

Homage to Algernon Charles Swinburne

I love you because you are dead.

Necrophilia, you know,

is one of my pleasures that I don't know if it's appropriate to
call solitary.

I love you even though you are dead.

If you don't reciprocate

it is because you know that I can bring you back to life

and you would see, hear, smell again

in this city where life keeps sickly throbbing in each crack of
each volute of each ornament of each corner.

You know it and you are afraid I'll tear you away from that
poker game of corpses and shit.

You know it and it makes you furious

and the fury for a moment tinges the pallor of your face while
your eyes flicker between hatred and curiosity

and it maddens you again

and you persist in being dead

in not wanting to come back

and you don't realize that that annoying irritation

that concealed rage with which you grip to the coffin and make
your fingers bleed

excites me even more

and makes me yearn to lick your wounds and chew your
shroud and grind your bones

and force you to come, to come back with me

where I can still take you.

Temperatura ambiente al pie del Tibidabo

Puestos a decir qué es el frío
yo diría que es esta casa erizada de vidros opacos
por lo que no transita tu imagen.
Este paisaje de estalactitas en la ventana nublada
este roce de cristales que es tu mirada desangelada y blanca
duplicando un mundo que no me pertenece.

Air temperature at the foot of the Tibidabo

If we were to define what coldness is
I would say it is this house bristling with opaque window panes
through which your reflection does not wander.
This landscape of stalactites in the clouded window
this brushing of glass that is your dull and white glaze
duplicating a world that does not belong to me.

Obstinaciones menores

Voy a verte
y luego,
todas las meninas del Museo Picasso
sonríen como tú.
Inútilmente he intentado mirar a las señoritas de Avignon:
todas, hasta la que está de espaldas
sonríen como tú.
Ahora, el conejo a la plancha
que trabajosamente consumo en El Portalón y que año tras
        año pido con la esperanza de que sea siempre el
        año mismo, hoy, de repente, ha sonreído como tú.
Ser sonreída así, y buscármela, y encontrármela, una y otra
vez
hacha
guadaña
estilete
arma arrojadiza
tu peligrosa sonrisa.

Minor obsessions

I go to see you
and afterwards,
all the meninas in the Picasso Museum
smile just like you.
I have tried in vain to look at the demoiselles de Avignon:
all of them, even the one that turns her back on me
smile just like you.
Now, the grilled rabbit
I laboriously consume in El Portalón, that year after
          year I ask for hoping it will always be the same,
          suddenly, today has smiled just like you.
To be smiled at like that, and to look for it, and to find it, time
                                        after time

ax
scythe
stiletto
harpoon
your dangerous smile.

Verano en el Ampurdán

Yo sólo quería dar
felicidad a todos mis maridos
o sea, ser lo que Dios podría ser
si no fuera un hijo de puta
(imposibilidad lógica y metafísica)
o lo que mi madre hubiera podido decir
de haber vivido cincuenta años después
(imposibilidad meramente cronológica).

Summer in Ampurdan

I only wanted to make
all my husbands happy
namely, to be what God could be
if he weren't a son of a bitch
(a logical and metaphysical impossibility)
or what my mother could have said
had she lived fifty years later
(a mere chronological impossibility).

Las paralelas no se tocan

En la casa
quería navegar por sus orejas
circular alrededor de sus gafas
y pasar a través de la hoja que lee.
Ser la ceniza en el cenicero
la caca del perro
o el pelo que se enrosca en la moqueta verde.
Pero no, abro los brazos y nado por la noche.
Toco fondo pero a mi ford fiesta lo lleva el viento.
Recalaremos, él y yo, al pie del Tibidabo
donde, ya se sabe, la temperatura es más baja que en la
                                        Diagonal.
Las paralelas seguirán sin tocarse, las pobres.

Parallel lines never meet

In the house
I wanted to navigate around your ears
circle your glasses
and walk through the page you are reading.
To be the ash in the ashtray
the dog's crap
or the hair curling on the green carpet.
But I don't, I stretch my arms and swim into the night.
I touch bottom but my Ford fiesta is blown away.
We'll reach port, he and I, at the foot of the Tibidabo
where, as everyone knows, temperature is lower than
                                        in the Diagonal.
Parallel lines will go on but never meet, the poor things.

Barcelona

Barcelona es una vieja puta
perfumada y húmeda
descuidada y triste
que vigila demasiado sus excesos.

Me gusta recorrerla, Rambla de Cataluña abajo
acariciar su vello verde (mar vegetal de todos los veranos)
y hundirme luego en los recovecos donde late el fuego sordo.

Descansar por fin
junto al Gran Navegante
que solo, siempre solo,
condenado a su columna,
se entrega a sueños licenciosos.

Barcelona

Barcelona is an old whore
who is perfumed and wet
neglected and sad
and who watches over her excesses too much.

I would like to traverse her, down the Rambla de Cataluña
to caress her green fuzz (a vegetable sea every summer)
and to sink into her nooks where the deaf fire throbs.

To rest finally
next to the Great Navigator
who alone, always alone,
doomed to his column,
gives himself over to dreams of lust.

sic *fatur lacrimans*

He subido a Medinaceli
para recordar aquel almuerzo en carretera.
Hubiera querido que tu amor por mí
fuera tan perfecto como esta plaza perfecta
haber podido darte el sosiego y la calma
que yo encuentro en este pedazo de pasto calcinado
con su ridícula fuente en el centro
y sus cuatro farolas rotas y torcidas que acotan sin
      embargo el equilibrio del mundo.
Hoy el espacio está acotado también por arriba:
un cordel con banderitas desteñidas recuerda
la fiesta ya pasada
como el arco romano me recuerda las pasadas fiestas del
      amor.
Es septiembre y ya han caído las primeras hojas
cómo no decirlo
si la tristeza del otoño nos ha caído encima también
torpemente.

sic fatur lacrimans

I came up to Medinaceli
to recall the time we ate on the side of the road.
I would have wanted your love for me
to be as perfect as this perfect square
to have been able to give you the peace and calm
that I find in this strip of burnt grass
with its ridiculous fountain in the middle
and its four broken twisted street lamps that decide, however,
       the balance of the world.
Today the space is also marked from above:
a rope with little faded flags reminds me of
the bygone celebration
just as the Roman arch reminds me of the bygone celebrations
         of love.
It is September and the first leaves have already fallen
why not say it
if the sadness of autumn has also fallen upon us
heavily.

Hacia Madrid. Licantropía

Es difícil de creer pero hace rato
que la ventanilla del avión encuadra una luna completa.
Tantas veces habíamos coincidido en nuestros encuentros
con la luna llena
y sólo hoy entiendo que no fue casualidad.
Cómo pude estar tan distraída
cómo no supe prever tus feroces dentelladas
yo, que tanto sé de lobisones.
Cómo me dejé ir hacia esa noche perfecta
en que acabaste limpiamente conmigo.
Para qué tanto jugar en las cornisas
si me iba a dejar matar en campo raso.

On the way to Madrid. The werewolf

It's hard to believe that for quite a while
the airplane window has been framing a full moon.
So many times our meetings have
coincided with the full moon
and only now do I understand that it was not by chance.
How could I have been so distracted
as not to anticipate your vicious bites
knowing as much as I do about werewolves.
How could I let myself drift towards that perfect night
when you made a clean end of me.
What was the point of all that playing around up on the ledges
if I was going to let myself be killed on the ground.

Las alas del deseo

A nadie extrañará que en Berlín se hable de puestos fronterizos.
A lo largo del trayecto
hubo que traspasar una a una las barreras
someterse con cuidado a la revisión mutua de los pasaportes
esperar pacientemente a que los gendarmes de uno mismo
estuvieran distraídos
para ejecutarlos con fría precisión
y arrojar entonces al fuego uno a uno
los ensayos brillantes, los nombres estelares, las ideas que
fabricaron a lo largo de los años una
espesa red de malentendidos y suspicacias.
Falta decir que alcanzamos en el Museo de Pinturas y Grabados
la más perfecta emoción erótica posible en posición vertical y
rodeados de colegas.
Era domingo y también los berlineses estaban contentos.

Wings of desire

No one will be surprised that everyone in Berlin talks about
border points.
Along the way
we had to cross one by one the barriers
carefully submitting to a reciprocal revision of passports
patiently waiting until the guards within ourselves were distracted
in order to execute them with cold precision
and throw into the fire, one by one
the brilliant essays, the stellar names, the ideas that worked up
over the years
a dense web of misunderstandings and mistrusts.
All there is left to say is that in the Museum of Paintings and
Engravings
we reached the most perfect erotic emotion that is possible in a
vertical position and surrounded by colleagues.
It was a Sunday and the Berliners were happy too.

Escrito al borde del camino

Cúantas idas y venidas
cuántos desencuentros
cuántos saldos y averías conseguidos malamente en los
                                        bazares del mundo
hacían falta
para llegar
en un mediodía inesperado
a reencontrar el antiguo fuego.

(Carretera Nacional II, km 154)

Written on the side of the road

How many comings and goings
how many failed encounters
how many remnants and sale goods painfully obtained in
                                    bazaars all around the world
were necessary
to come one day
at noon and unexpectedly
to reach once again the flame of old fire.

(National Road II, km 154)

Bric-à-brac infantil

1.

Yo tuve mi infancia
en los que (para algunos eran) happy cuarenta
cuando el *Asuntos* de tercer grado
decía que la Argentina era el granero del mundo
y este era ancho y era ajeno
a veces sembrado de bombas y horrores que caían sobre Europa
pero casi siempre risueño
con media libra de chocolate para el cumpleaños
cinco centavos para la vuelta en calesita
y el monopatín de seis a siete de la tarde.
Había una gallega fiel que planchaba la ropa del doctor
tías solteronas y siniestras
camas que crujían en la noche
estufas de kerosene con un olor inolvidable
y una madre melancólica y resignada
que se ponía sombrero para ir a Gath y Chaves.
Cabral se cubría eternamente de gloria en las páginas del Billiken
y Peter Fox lo sabía todo
durante quince minutos, en el radioteatro de la noche.

Childhood bric-à-brac

1.

I spent my childhood
during (what were for some) the happy forties
when the third grade *Asuntos*
said that Argentina was the wheat basket of the world
and the world was broad and apart
occasionally with news full of bombs and horrors falling over Europe
but almost always smiling
with half a pound of chocolate for our birthday
five cents for the merry-go-round
and the scooter from six to seven in the evening.
There was a loyal Galician maid who ironed the doctor's clothes
sinister spinster aunts
beds that creaked at night
kerosene stoves with an unforgettable smell
and a melancholy and resigned mother
who put a hat on to go to Gath and Chaves.
Cabral was eternally crowned in glory in the pages of Billiken
and Peter Fox knew it all
for fifteen minutes, on the nightly radio broadcast drama.

2.

Si yo fuera Marcel Proust
sería capaz de recuperar aquellos domingos
lentos, casi siempre húmedos, insoportables
en el petit-hotel pequeño burgués de mi piccola abuela
lleno de tíos, primos y ravioles
amasados pacientemente los sábados.
A la hora de la siesta el cine de la iglesia
con la presencia divina de Rin-tin-tín en la pantalla.
Para que no molestáramos mientras se recalentaban
los ravioles de la cena, lotería de cartones.

2.

If I were Marcel Proust
I would be able to bring back those Sundays
slow, almost always humid, unbearable
in the lower middle-class, petit-hotel of my piccola grandmother
filled with uncles, cousins and ravioli
patiently kneaded every Saturday.
At siesta time the church cinema
with the divine presence of Rin-tin-tin on the screen.
So that we didn't bother anyone while the ravioli
were re-heated, they let us play bingo cards.

Sin las debidas licencias

1.

Yo quisiera tener la desfachatez
de François Villon
para cantar los goces prohibidos del amor

o la alegría jocunda
del Arcipreste
para ingenuamente hablar
de tu comportamiento horizontal

o el tupé de Federico
para decir sin miedo que tus muslos
como la tarde
van de la luz a la sombra.

Sólo tengo en cambio
la opresión de tantos siglos
el entusiasmo adolescente
la caricia tímida
el hablar apocado
y el desafío a veces vergonzante
de quererte.

Without license

1.

I should like to have the nerve
of François Villon
to sing the forbidden joys of love

or the joyful merriment
of the Arcipreste
to talk ingenuously
about your horizontal behavior

or Federico's pluck
to say fearlessly that your thighs
like the evening
go from the light to the darkness.

Instead I only have
the weight of so many centuries
the adolescent enthusiasm
the shy caress
the coy talk
and the sometimes embarrassing challenge
of loving you.

2.

Qué saben del amor
los que no entienden el mío.

Si lo creyera necesario
quizás me dignara contarles
algunas cosas.

Pero mi amor es ilegítimo
y me inhibo.

De los amores ilegítimos
se malhabló tanto
a fin de siglo.

2.

What do they know about love
those who don't understand mine.

If I thought it necessary
perhaps I would deign to tell them
certain things.

But my love is illegitimate
and I am inhibited.

Illegitimate love
has been so much maligned
at the end of the century.

3.

Si tuviéramos las debidas licencias
el apoyo de las instituciones
la alegría vacuna de nuestros padres
la envidia erótica de los hijos posibles
la simpatía recelosa de las amigas
si tuviéramos todo eso
más los regalos de casamiento
tendríamos que llevar todo al bric-à-brac
amor mío, para quedarnos solos otra vez
frente a frente
y esperar un largo rato
hasta recuperarnos del susto.

3.

If we had all due license
the support of institutions
the bovine happiness of our parents
the erotic jealousy of the possible children
the distrustful goodwill of our friends
if we had all that
plus the wedding presents
we would have to take it all to the rummage sale
my love, to be alone again
facing each other
and wait for a long while
until we got over the scare.

Nastaggio degli Onesti menos cruel, quizás

(Homenaje a Boccaccio y Boticelli)

Sólo entonces
vendrás
entera y mía
con los cabellos rotos por tanta ansiedad y tanto miedo.
Desde la noche, igual que el reclinado octubre
vendrás entre las hierbas
con la piel trajinada de otras pieles
y tus ojos cansados volverán a florecer
libres del animal inmemorial que nos acosa
puntual y no cíclico el encuentro definitivo.

Nastaggio degli Onesti less cruel, maybe

(Homage to Boccaccio and Boticelli)

Only then
you will come
entire and mine
with your hair brittled from such anxiety and fear.
Out of the night, like the leaning October
you will come walking through the grass
your skin worn against other skins
and your tired eyes will blossom again
free from the immemorial animal that hounds us
punctual and not cyclical the definitive encounter.

Variaciones sobre un mismo tema

Óboe

Ella hablaba sola.
Cuando yo, desde el inodoro
oía que ELLA HABLABA SOLA
o yo, sentada en mi sillón, hipando
oía su voz que solahablaba, cosasdecía
qué bronca, qué clamor inescrutable
desde las vísceras, más allá subía
qué temblor, que pavor inexcusable
qué silencio, qué mil ojos en la noche
cargada de viento, de ruidomar, de autocarretera
y yo la oía, cacerolas dialogando
murmurando, murmullando, aceroinoxidando
té, los té, las té
y entonces la soledad aquí y ahora
hic et nunc sálvame dios de los fuertes
y virtuosos y cuidadosos y cuidado con la mano izquierda
que la derecha se cuida sola
dicen
las buenas señoras
porque es de práctica.

Variations on a single theme

Oboe

She was talking to herself.
When I, from the toilet,
heard that SHE WAS TALKING TO HERSELF
or I, sitting on my armchair, whining
heard her voice that talkedtoherself, saidthings
what fury, what inscrutable uproar
from the viscera, further up it rose
what a tremor, what an inexcusable terror
what a silence, what one thousand eyes in the night
loaded with wind, with seasound, with roadroar
and I heard her, potdialoguing
murmuring, mumbling, stainlessteeling
tea, the tea, the "t"s
and then my loneliness here and now
hic et nunc save me god of the powerful
and virtuous and watchful ones and watch your left hand
because the right one knows how to take care of itself
they say
the good ladies
because it is a tradition.

Poepop

A Andy Warhol

1.

Y por qué mi amor
no vamos a ser vulgares y ordinarios
si me gusta tu piel tu olor tus piernas.
Sí, también tu corbata
y tu mano derecha cuando manejás con la izquierda
y tu manera de sorber la coca cola
y tus besos después de fumar Marlboro.
Bueno, está bien, no me voy por las ramas.
Dale.

Poepop

To Andy Warhol

1.

And why my love
aren't we going to be vulgar and ordinary
if I like your skin your smell your legs.
Yes, your tie too
and your right hand when you steer with the left
and the way you sip coca-cola
and your kisses after smoking Marlboro.
Well, it's all right, I won't beat about the bush.
Let's go.

2.

Claro cómo no va a ser linda la tarde
si estamos juntos y hoy sólo es ocho
y podemos hablar de cualquier cosa.
Hasta ir al teatro podemos.
Pero lo lindo es caminar por Reconquista
mirando para arriba
tanto espectáculo gratis de rejas, camisetas y malvones
tanto gris, tanto ladrillo al aire
tanto tiempo agarrado a las paredes.

2.

But of course how can it not be a beautiful evening
if we are together and today it's only the eighth
and we can talk about anything.
We can even go to the theater.
But it's lovely to walk along Reconquista
looking up
such a show for free of railings, undershirts and geraniums
so much grey, so much exposed brick
so much time clinging to the walls.

3.

La calle Corrientes es un escaparate de juguetería.
Luces rojas, verdes, azules
bailan en tus ojos.
Yo no sé si lo que me gusta es Corrientes
o el reflejo de Corrientes en tus ojos.

3.

Corrientes Street is a toy store showcase.
Red, green, blue lights
dance in your eyes.
I don't know if what I like is Corrientes
or the reflection of Corrientes in your eyes.

Réquiem

Tenías que partir
era tu tiempo.
Tiempo sazonado de cristales
de limoneros en flor y de azucenas.
Me dejaste el silencio
tranquilo, sosegado
de esas tardes de domingo que olían a cosas ya pasadas
tu silencio.
Ahora me hablas en las noches
¿recuerdas?
fecundabas todo a tu alrededor
y yo
árbol seco
siento que hiciste también mi parte
Dios lo tendrá en cuenta.
Buena y suave
deslizándote como un río de llanura
sin darte cuenta llegaste al negro mar.
El pájaro blanco te recibió
y se fueron
majestuosos y profundos
sin mirar para atrás ni despedirte.
Sí, tienes que caber en otro lado
que ese cajón de cedro
porque eras algo más que podredumbre y polvo
algo más
algo.

Requiem

You had to leave
your time had come.
Time seasoned with crystals
blooming lemon trees and lilies.
You left me the silence
tranquil, calm
of those Sunday afternoons that smell like things already past
your silence.
Now you talk to me at night
remember?
you made everything around you fertile
and I
dried up tree
feel that you did my part too
God will take this into account.
Good and gentle
flowing like a river in the plain
without noticing you arrived at the black sea.
The white bird received you
and you both left
majestic and recondite
without turning back or saying farewell.
Yes, you have to fit somewhere else
and not in that cedar box
because you were something more than dust and decay
something more
something.

Literatura

En el bar de enfrente
entre Salustio y el timbre de las cuatro
yo quisiera tenerte junto a mi taza de café caliente
y el ruido de cosas sin importancia.

Que estuvieras aquí
dando sentido a ciento veinte minutos
de charla distendida y aburrimiento lento:
mi dosis por hoy de literatura.

A la fin je suis làs de ce monde ancien...

Oh, sí.
Yo también estoy cansada
de este mundo antiguo
faro, oh mi obelisco, hoy me guiñas
tu ventanita de sátiro
mientras tus intelectuales se sueñan
la vida que dejan pasar.

Oh, sí, yo quisiera gritarles su estupidez
salir de mi estupor
de mi cierto ángulo crítico
desde el que me paro a contemplar.

Es la poesía del intelectual
no asombrarse, no agitarse
la mente lista para lo inasible
y los sábados, el amor.

Literature

In the bar across the street
between Salustio and the four o'clock bell
I would like to have you next to my cup of hot coffee
and the noise of unimportant things.

Your being here
making meaningful this hundred and twenty minutes
of relaxed talk and slow boredom:
my dose of literature for today.

A la fin je suis làs de ce monde ancien...

Oh, yes.
I am tired too
of this old world
lighthouse, oh my obelisk, today you wink
your little satyr window
while your intellectuals dream
life as it passes them by.

Oh, yes, I would like to yell at them their stupidity
come out of my torpor
of the critical angle
from which I pause to survey things.

It is the poetry of the intellectual
nothing to be amazed by, nothing to get worried about
the mind ready for the unapprehensive
and on Saturdays, love.

Cumpleaños

Tu día comenzó cuando el sol del domingo se coló por la
ventana.
Todo un día delante, todo tuyo, reflejado en las paredes
blancas, tuyas.
Cómo no pensar en tu niñez almidonada y llena de preceptos,
con noches largas y tibias, con dulcemantecados desayunos
–qué melancolía la de ahora, ser uno el dueño de uno
mismo (en un tanto por ciento regateado).
Cómo no recordar la bien alimentada adolescencia - gorda, y
sutil, y luchadora
–qué dolor ese momento de la muerte, cuántas cosas
nacieron y murieron de repente (cuánto falso equilibrio
visto desde ahora).
Cómo no revolver el desván de los recuerdos en un día como este
-para colmo en otoño y en domingo- y sacar a relucir
aquellos ojos azules, aquellos pasos por el corredor,
la primera bicicleta, los primeros tacos altos.
Hoy que el tiempo es todo nuestro y el futuro se mira de reojo en
los ojos de los otros,
hoy te entrego la conciencia del presente.

Birthday

Your day began when the Sunday sun sneaked through
        the window.
A whole day ahead of you, all yours, reflected on the
        white walls, yours.
How could one not think about your starched childhood full
        of precepts, with long and lukewarm nights,
        with sweetpastried breakfasts–such melancholy
        now, being one's own master (in a percentage that
        was bargained for).
How not to remember the well fed adolescence - fat, subtle,
        and tenacious–such pain that moment of death,
        how many things were born and died all of
        a sudden (how much false equilibrium seeing it now).
How could I not take a walk down memory lane on a day like this
        -it's Sunday and it's autumn to make matters worse-
        and to bring up again those blue eyes, those steps
        on the corridor, the first bicycle, the first high heels.
Today when time is all ours and future is viewed cautiously
        in the eyes of other people
today I want to give you the awareness of the present.

Yo

Yo tengo un mundo
allí donde los ojos me hablan
ángeles.

Allí donde duermen
las tardes amarillas
sus ocasos.

Donde las aguas invaden curvas
y no tocan
el viento muerde mi garganta
y mi soledad.

Yo no soy como tú, ni siquiera eso.

I

I have a world
where eyes talk to me
angels.

Where the yellow evenings
sleep
their sunsets.

Where waters invade curves
and do not touch
the wind bites my throat
and my loneliness.

I am not like you, not even that.

Tú

Tus ojos me hablan ángeles azules
tu boca dice rosas
de esperanza.
Tus manos inquietan
golpean
no responden.

Y tu cuerpo es el tiempo
horadado de polvo.

You

Your eyes talk to me blue angels
your mouth says roses
of hope.
Your hands disturb
strike
do not answer.

And your body is time
pierced with dust.

Él

Dedos que son un río
y un fluir
de tiempo.

Mirada vertical y ausente.
Ojos vacíos.
Manos flojas sin el trabajo
de desleír la vida

Tiempo henchido, quizás llegarás.
Tarde amarilla, aún no desesperes.

He

Fingers that are a river
and a flow
of time.

Vertical and absent stare.
Empty eyes.
Loose hands without the job
of dissolving life.

Plenitude of time, perhaps you will arrive.
Yellow evening, do not despair yet.

Rayuela

Te bebes mi memoria
ciempiés de fuego en noche azul y luna llena
por qué te la bebes
glotón catador memorioso
te imaginas yo era así con un moño azul sobre el corazón
y pájaros en las meninges
yo lloraba porque no podía detener el río
río color ratón cómo te me has metido tan adentro
ciudad camaleón tú también te bebes mi memoria
que ya no tengo para qué la quiero
ya no sé si estoy aquí o dentro tuyo
no necesito saberlo
invasor invadido voy viviendo tu vida
te imaginas
han pasado seis meses ya desde el milagro
sin dolor fui naciendo
mis brazos hacia ti como las ramas y la luz
seis meses de milagro es ya mucho decir
yo veía la soledad crecer bajo mis pies
y ahora como el mar vas subiendo
noche azul rama con pájaros milagro de tantos meses.

Hopscotch

You drink my memory
centipede of fire in blue night and full moon
why do you drink it
greedy taster full of memories
you imagine I was like this with a blue ribbon on my heart
and birds on my meninges
I cried because I could not stop the river
mouse colored river how did you get so deep
chameleon city you also drink the memory
I no longer have what do I want it for
I no longer know if I am here or inside you
I do not need to know it
invaded invader I go on living your life
you imagine
six months have already passed since the miracle
I began to be born without pain
my arms towards you like branches and light
six miraculous months is to say a lot
I saw loneliness growing under my feet
and now like the sea you rise
night blue branch with birds miracle of so many months.

Bayeta boliviana

El amor, aquí en mi pecho
es un nido.
El espacio interior puede ser
la oreja, el intestino, o eso
que llamaríamos el corazón si nombre
hubiera que darle.
Como a ese lugar, en Humacao
donde los carros
frente a la plaza
y en mi memoria.

Bolivian hanging

Love, here on my chest
is a nest.
The interior space may be
the ear, the intestine, or
what we would call the heart
if it had to be given a name.
Like that spot, in Humacao
where the carts are
in front of the plaza
and in my memory.

Crepuscular

El verde se hace intenso a esta hora
en el parque inglés de la estancia San Francisco
mientras el viento del sur desmelena la hiedra
y Josefina trasiega la miel en un lugar apartado.
Leo a Lugones en la galería
escucho al teru-teru
siento la dulce nostalgia de lo que no debió haber sido
habiendo sido,
de lo que podría haber sido, de haber sido
y de lo que no puedo decidir si fue bueno dejarlo
habiéndolo dejado.
Nostalgia de todas las probabilidades
cálido y desleído erotismo
sin conocido origen ni punto final
un erotismo que sale de la letra impresa, del pasto
       mojado, de la tarde invernal, del producto de la
       abeja, de los ganados y las mieses, de las odas
       que no escribiré, del esfuerzo de los antepasados
       que no murieron en Junín ni en Ayacucho
de los amores, que quizás ya no repetiremos o
nos están acechando por ahí, quién sabe dónde.

Twilight

Green intensifies at this time of day
in the English park of the ranch San Francisco
while the southern wind ruffles the ivy
and Josefina decants the honey in a distant corner.
I read Lugones in the gallery
I listen to the teru-teru
I feel the sweet nostalgia of what should not have happened
having happened,
of what could have happened, had it happened
of whether a thing was good to let go
having let it go.
Nostalgia of all the probabilities
warm and faded eroticism
with unknown origins or target
an eroticism that comes out of the printed word, out of the wet
       grass, the winter afternoon, the product of the
       bee, the cattle and the crops, the odes I will not
       write, the effort of ancestors that did not die either
       in the battle of Junín or Ayacucho
out of love, that we may never repeat or
may be waiting for us somewhere, who knows where.

Otra vez Nueva York

Después de la ceremonia del té
bajamos otra vez al subte en la 116.
Me dijiste otra vez que Nueva York es la selva
que sólo pensar en irse ayuda a soportarla
que la suciedad y la desorganización
de esta gente es inaguantable.
Pero a mí me gustaban los graffitti:
me parecen una puerta de acceso a otro mundo al corazón
            secreto de un lugar donde tal vez no importen
            la suciedad y el olor ácido.
Volviste a decirme caminando por Times Square
que esta civilización se derrumba y que es mejor que todo
            se acabe
ahora los haitianos han invadido las aceras desplegando
            mercaderías
collares baratos, bufandas que parecen elegantes.
Y volví a apoyarme en tu brazo
para apaciguar como antes tu desamparada soledad
tu tristeza de intelectual desconcertado por esas horas ves-
            pertinas de un domingo en que Aristóteles y San
            Agustín tuvieron que quedarse en casa mientras
            nosotros caminábamos
y no te dije que la ciudad salvaje
la ciudad que ruge, la ciudad exasperada
cuando el domingo está a punto de doblarse me da una
            tristeza dulce
tan triste y tan dulce como esa mano que se apoya en mi
            cintura para cruzar la calle.

New York again

After the tea ceremony
we went down again to the subway on 116th St.
You told me again that New York is a jungle
that only thinking about leaving helps you put up with it.
that the dirt and disorder
of these people is unbearable.
But I liked the graffitti:
to me they look like a communicating door into another
            world of the hidden heart of a place where perhaps
            the dirt and the sour smell no longer matter.
You told me again as we walked around Times Square
that this civilization is falling apart and that it is better if
                        everything comes to an end
now the Haitians have invaded the sidewalks spreading
                        their merchandise around
cheap necklaces, scarves that look elegant.
And I leaned on your arm again
to calm as I did before your helpless loneliness
your sadness of an intellectual bewildered by Sunday
            evening hours when Aristotle and St. Augustine
            had to stay home while we walked
and I did not tell you that the wild city
the city that roars, the exasperated city
arouses in me, when Sunday is about to be over, a sweet
                        sadness
as sad and as sweet as that hand that leans on my waist to
                        cross the street.

Tarde con grito

Un grito de placer.
Un aullido largo, modulado
que rebote contra los vidrios de su casa
un grito que le retuerza las aguas estancadas
y se vaya deslizando hacia la calle, bajando gozoso los
       escalones de las ventanas, rebotando feliz en las
       luces de la avenida hasta llegar al lago y siga y
       siga, jugando con las curvas de la orilla.
Y yo, de este lado del grito, viéndolo florecer, oyéndolo
       estallar, modificando la amplitud de sus ondas,
       modulándolo con la sabiduría acumulada a lo
       largo de estos duros e inicuos años de soledad
sin saber que sólo había que esperar que un día
su grito se cumpliera.

Evening with a cry

A cry of pleasure.

A long, modulated howl

to bounce against the windows of your house

a cry to stir up your stagnant water,

and slide along the street, joyfully going down the steps of the
windows bouncing happily on the lights along the
avenue until it reaches the lake and on and on, playing
with the curves of the shore.

And I, on this side of the cry, watching it blossom, hearing it
explode, modifying the length of its waves, modulating
it with wisdom accumulated through these hard
and wicked years of loneliness

without knowing all that was needed

was to await for the day when

your cry would be fulfilled.

El tren los trenes

El primer tren unió en 1830 las ciudades de Liverpool y
        Manchester.
Más tarde, los trenes comenzaron a adornar las pina-
        cotecas del mundo.
El de la Gard Saint Lazare, rodeado de tinieblas en su
        casa de cristal, es desgarradamente hermoso e
        indefenso, como un recién nacido.
Los de Delvaux, detenidos en estaciones y rodeados de
        mujeres insecto, de mujeres que esperan (que
        esperan como yo no he esperado casi nunca),
        auguran el tiempo estéril de tus especulaciones
        epistemológicas.
El que se yergue como un falo adolescente saliendo de
        una chimenea es la ciega brutalidad del futuro
        -firma Magritte, que sabía ilustrar una hora y
        un farol encendiéndose.
Tengo una historia personal de trenes a los que inexo-
        rablemente llegaba demasiado tarde o demasia-
        do temprano, para irme y no irme, para atravesar
        la ciudad o la pampa, para amarte o para
        desamarte.
Oh, los trenes.
Oh, los trenes que te llevan, que te mecen, que jadean, que
        se estremecen.
Ay, los trenes.

Train, trains

In 1830 the first train connected the cities of Liverpool
and Manchester.

Later, trains started to decorate art galleries around
the world.

The Gard Saint Lazare train, surrounded by darkness in
its glass case, is heartbreakingly beautiful and
helpless, like a new born baby.

The Delvaux trains, halted in train stations surrounded by
insect women, women who wait (wait as I
have almost never waited), foreshadow the sterile
time of your epistemological speculations.

The one that rears up like an adolescent phallus surging
out of a chimney is the blind brutality of the
future - signed Magritte, who knew how to depict
an hour and a streetlight turning on.

I have a personal history of trains to which I inexorably
arrived too late or too early, to go away or not to
go away, to cross the city or the pampa, to love
you or to unlove you.

Oh, the trains.

Oh, the trains that take you away, that rock you, that
pant, that quiver.

Alas, the trains.

Black Swan Press is a nonprofit literary press
dedicated to publishing the works of exceptional
writers of poetry, fiction, and nonfiction.

El Cisne Negro Ediciones is the imprint
of the Press for original works in Spanish
published in bilingual editions.

Con las debidas licencias
With leave and license

Designed by Edward Hughes

Typeset in Sabon and Caecilia

Printed on Writers Offset Natural